JN439105

너와의 행복을 위해

추만수 시집

너와의 행복을 위해

초판1쇄 발행 2022년 5월 25일

지은이 추만수
펴낸이 이길안
펴낸곳 세종출판사

주소 부산광역시 중구 흑교로 71번길 12 (보수동2가)
전화 463-5898, 253-2213~5
팩스 248-4880
전자우편 sjpl5898@daum.net
출판등록 제02-01-96

ISBN 979-11-5979-511-4 03810

정가 12,000원

너와의
행복을 위해

추만수 시집

세종출판사

시인의 말

시골에서 살아오면서
늘 마음 한켠에 넣어 두었던
시를 향한 마음으로
감성을 키우고 추억도 만들어가며 작지만
농촌에서 소박하게 살아가는 분들에게
도시의 바쁜 일상에서 자연을 그려낸
시를 읽으면서 여유로운 삶을 누리며
감정적으로 윤택하고 행복하게 살아가는데
조그마한 보탬이 되기를 바라는 마음과
순수한 정을 담아내고 싶었다

누구나 편안하게 시를 감상해 주기를 원하며
이 시가 잔잔한 감동을 주며
힘들고 지친 날들을 잠시 잊어버리고
희망 가운데 행복하고 즐거운 날들을
영위하는데 도움이 되기를 바라는
작은 마음을 담아 보았다

시집을 낼 수 있도록 도와주신 분들게
진심으로 감사를 드립니다

차례

추천의 말 | 박희자 • 119

행복을 위해 자연을 노래하는 추만수 시인

1부

내린천

길

나혼자

걸어가는 길

한없이 외로우나

너와 함께한

이길이 사랑스러워

미쳤다

미쳤다
너도 미쳤다
나도 미쳤다
그래
모두가 미쳤다

좋은일에
기쁜일에
성공을 위해

바람

봄이면 들녘에
아지랑이 아른아른 피어오르고
새 생명 깨우러 따스한 봄바람
고요히 불어오니
잠들었던 수목들이 기지개를 켠다

새싹들이 소리없이 돋아나더니
꽃봉오리 앙증맞게 가지마다 앉았네
어느새 따뜻한 햇살따라
후덥지근한 바람이 불어오니
초록빛 과실들이 가지마다 열렸네

계절은 어김없이 우리곁을 맴돌아
서늘한 가을바람
무더위에 지친 마음 부드럽게 감싸안고
풍성한 과실들이 익어갈즈음
우리네 마음속에도 풍요로움 가득하네

살을 애는 겨울바람 매섭게 몰아치니
아름답던 푸른초목 한순간에 낙엽되어
바람따라 사라지고
가지마다 무성하던 잎사귀는 간곳이 없구나
앙상하게 남은 가지는
따스한 봄바람 불어오기를 얼마나 기다릴까나

오후

따사로운 햇살이
창가에 내려앉은
고즈넉한 오후

앙상한 가지에
바람이 드나드니
춤추듯 잔가지가
몸을 흔든다

넓은 마당에 앉은
빈 탁자가
쓸쓸하니 주인을 기다리고
메마른 잔디는
봄이 오기를 기다린다

자연

예술이다

자연은

그대로 두어도

그냥 작품이다

위대한 예술 작품이다

첫눈

겨울이 깊어가는
이른 아침
반가운 첫눈이

소리없이 살포시
내려앉은 아름다운 눈꽃
기다리던 님 반기듯
반가운 마음

첫눈 내리는 날
만나기로 약속하던
첫사랑 생각나

설레이는 마음으로
하얗게 대지를 덮는 너를

태기산 설경(봉평)

추억

만나서 마주보며 도란도란 이야기 꽃 피우며
옛 추억을 더듬으며 함께 웃고 즐기고 싶지만

이제는 덧없이 흘러가는 세월속에
지나간 시간들을 추억의 한 페이지로 간직하리

사랑했던 그리운 얼굴 떠올리며
나도 몰래 한줄기 눈물이 주루룩 흐르니

잊은줄 알았는데 아직도 잊혀지지 않아
마음에 쌓이는 애틋한 정은 깊어만 가는구나

애타게 사모하는 그리운 이가 있다는 것은
추억과 함께 내안에 슬픔이 함께 한다는 것일게다

태양

하늘 한쪽 끝에서 나와

원을 그리며

다른 쪽 끝에 이르니

그 무엇도

그 강렬한 열기로부터

숨을 수 없어라

파도

하늘에 먹구름 뒤덮으면
바람이 뒤질세라 세차게 불어대니
바다도 한몫 하느라
하얀 거품 머금고
쉴새없이 파도의 물결을 쏟아낸다

고운 모래 해변으로 밀려올때는
부드러운 거품이 흩어지듯
모래톱으로 스며들고
몽돌 해변으로 밀려오는 파도따라
몽돌들이 차르르 차르르 구르는 소리가
파도와 아름다운 하모니를 이룬다

거센 폭풍이 몰아치니
바다를 요동치게 하여
커다란 바위에 거세게 부딪힐때
하얗게 포물선을 그리며 부서지는 파도는
두려움도 잠시
파도가 만들어 내는 멋진 광경에
대자연의 아름다움에 감탄이 절로 나온다

춤을 추는 바다

향수

코로나로 인해 일상이 흐트러져
삶이 뒤죽박죽 되어버린 지금
먼산 바라보며 지난세월
즐거웠던 때를 그려보며
벗들과 나누는 차한잔이 그리워
향수에 젖어들고

바닷가 전망좋은 까페에서
따뜻한 커피한잔 나누며
즐거웠던 그때를
그리움으로 남기고
소소한 일상의 행복에
기대고 싶다

2부

감곡도원

들국화

동삼 들녘 한귀퉁이
자연을 벗삼아 가을을 안고
소담스레 피어있는 들국화

가을 바람결에 흘러온
국화향에 매료되어
가던 발길조차 멈추어
흠씬 향기에 취해보노라면

늦가을 서리내리는
차가운 기운에도
진한 국화 향기 품어 내며
고운 빛깔로
굳세게 자생하는 들국화
정겹구나

만첩 홍도화

붉은빛 고운 꽃잎 겹겹이
연분홍 꽃들사이에
화사하게 색을 더하는 홍도화로
화려하게 수놓으니
봄꽃 만발한
아름다운 예쁜 길이 되었다

예쁘다
너무 예쁜 길이다
산허리 굽이도는 오솔길에
붉은 겹복숭아 불같이 타오르고
분홍빛 도화에
연두빛 고운 새싹들이
벚꽃 만발한 길을따라
따사로운 봄 향기 가득
내가슴에 다소곳이 내려앉는다

화려한 멋스러움에 마음 빼앗겨
시간가는줄 모르고
콧노래 흥얼대며
환하게 피어나는 밝은 웃음이
맑고 고운 하늘 위로 날아 오른다

마음의 꽃

마음에 꽃씨가 내려앉은 이밤
내 마음 한자락에 살며시 피어나는
사랑의 꽃봉오리

시간이 지날수록 사랑의 꽃봉오리
점점 커져가니
어느새 마음 한가득 사랑의 꽃 피어나고

누군가 엿보아도 보이지않는 꽃 피었지만
느낌으로는 환히 볼 수 있는
사랑의 꽃이 마음 한가득인 것을

벚꽃의 향연

따사로운 봄이 오면
꽃동산으로 변해가는 진해 벚꽃의 향연

벚꽃이 흐드러지게 필때면 로망스 다리에는
벚꽃 만개한 가지들이 춤추듯 우아한 날개 편다

보이는 곳 마다 벚꽃 만발한 아치가 눈길을 사로잡고
안민고개 벚나무는 먼 바다를 향해 손짓하며
꽃송이 잔뜩 안고 길게 손을 뻗는다

꽃송이가 활짝 피어나는 절정일때면
꽃샘추위 시샘하듯 휘몰아치고
봄비가 추적추적 흘러내려
마음 한구석 애잔함이 밀려온다

밤사이 내린 봄비로 해마다 이맘때면
비를 따라 내려앉아 연분홍 꽃잎으로 단장한
꽃마차를 그린다

힘없이 떨어지는 꽃잎은 꽃비 되어 흩날리니
낙화하는 그모습 애처로우나
꽃눈되어 주고가는 선물이었음을

벚꽃 길을 따라

벚꽃 향기에 취해 꽃잎 따라
유난히 빛나는 오솔길에
얼른 발을 들인다
이 얼마나 아름다운 봄이 주는 선물인가
길게 늘어선 벚꽃 길을 따라

마음가득 밀려오는 감동으로
환하게 웃음지으며
좀더 여유로운 몸짓으로
좀더 느긋하게 춤추듯 사뿐사뿐 걷다보면
발밑에 닿는 부드러운 감촉 느끼고 싶어
어느새 맨발로 나선다

자연이 주는 순수한 아름다움에
가슴 벅찬 감동이 온 몸을 감싸안으면
자연그대로의 나를 느끼고 싶다
바람결에 내려앉은 부드러운 꽃길을
가만히 조심스레 걸어보련다

너랑 둘이서~

사과꽃 필 무렵

사과꽃 향기에 이끌려
나비는 꽃들 사이로 춤추듯
우아한 날개를 펴고
꽃내음에 취해보노라면
꽃들은 환한 웃음으로 반기어
꽃가루를 마음껏 내어주니
나비는 정성다해 이꽃 저꽃
고운 날개를 편다

꿀벌들 부지런한 날개짓으로
분주히 꽃들사이로 날아오르니
사과꽃은 아낌없이
소중한 꿀을 내주어
꿀통에는 벌꿀이 넘쳐난다

가을이 깊어지고 사과나무에는
빠알간 사과들이 가지가 휘어지도록
탐스럽게 매달려 풍요로운 결실을 안겨주니
꿀벌과 나비의 수고로움이 고마워라
과수원에는 풍성한 과실들이 행복을 더한다

복사 꽃

잘 다듬어진
가지들은 서로를 마주하고
닿을 듯 말듯 손짓하며
차가운 겨울을 이겨내니

부드러운 봄바람 불어와
촉촉히 내려앉은 봄비가
마른 나무에 생기를 불어넣은 듯
꽃망울이 봉긋 솟아올랐다

야트막한 과수원들에는
어느새 진분홍빛 연지 빛깔의
부드러운 꽃잎을 화사하게 수놓으니
진분홍 빛 복숭아 꽃이
수줍은 듯 환하게 피어난다

봉선화

여름날 촉촉히 내리는 비를 흠뻑 맞고
장독대 돌담길에 봉숭아 꽃 만발하니
해마다 피는 꽃이건만 반갑기 그지없다

고향집 울 밑에 핀 봉선화 그리워서
손톱에 꽃물 들이던 그날을 생각하니
아련히 떠오르는 추억에 잠기어 본다

처마밑 양지에 마주앉아
하얀 손톱에 꽃잎 올려 무명실로 매어주어
주홍빛 곱게 물들이던 그때를

석류가 주는 행복

앞마당에 오랜세월 묵묵히 견디며
활처럼 휘어져 늘어진 가지에
진홍빛 별꽃을 들이고
가을이 깊어질수록 반질반질 윤기 흐르는
붉은 빛 석류가 주렁주렁 맺는다

탐스럽게 익어갈즈음
새빨간 보석을 반짝이며 활짝 웃는다
지나가는 이웃들 담장 너머로
행복 한가득 보듬어 간다
먹음직하게 붉게 물든 석류가
삭막해지는 도시인들의 위안이
되어주니 이또한 기쁘지 아니한가

연꽃

넓다란 연못에 초록빛 연잎사이로
가녀린 꽃봉오리 앞다투어 나오고
연분홍 고운 빛깔로 우아한 자태를 뽐내며
연못가득 연꽃이 피어난다

이글거리는 태양은 연못가에 머무르고
오색빛 잉어는 넓다란 연잎사이로
숨바꼭질 한다

부드럽고 연한 줄기 사이로
연꽃이 무리지어 다정하게 피어있는
그모습 정겹구나

우리네 인생도
연못에 평화롭게 피어있는 연꽃처럼
아름다운 삶이었으면 좋으련만

蓮

연산홍

계절은 어김없이 우리곁에 다가오니
겨우내 잠들었던 생명력이
꿈틀거리며 꽃봉오리 맺는다

잘 다듬어진 길을 따라
산허리 가장자리에 길게 늘어선 연산홍
여인의 꽃 분홍 치마폭 길게 펼쳐놓은 듯
눈부시게 화사하구나

나도 젊음의 한창때 너처럼 환한 웃음지으며
화려한 인생 살아왔지만
이제는 조용히 초야에 묻혀
또다른 활기찬 삶을 그려보니
즐거운 삶이 눈앞에 펼쳐놓은 그림처럼
희망이 가득하구나

장미꽃 한아름

사랑하는 당신에게
아름다운 장미꽃 한아름
선물하고 싶다

오늘은 당신이 유난히 그리워
이 나이 되고보니
한평생 사느라고
고생하고 힘든 세월 함께한
사랑하는 당신에게
향기로운 장미꽃
한아름 선물하고 싶다

험한일 궂은일 마다않고
자녀들 훌륭하게 키우고
가족들 화목하고
즐거운 가정 이루어
행복하게 살아갈 수 있게

고운 마음으로 돌보아온
아름다운 당신에게
내 마음 한가득
장미꽃 한가득
수레에 넘치도록 실어 보내고 싶다

홍매화

이른 봄 꽃봉오리
배시시 웃음지으며
화사하게 피어나면
그리움도 아련히 피어오른다

그윽한 향기에 이끌려
살며시 다가가노라면
진홍빛 매화가 환하게 반기듯
가지마다 고운 빛깔로
은은한 매력을 품어낸다

옛 선비들의 사랑 듬뿍 받으며
사군자의 고고한 자태가
매혹적인 홍매화

그대의 아름다움에
눈이 시리도록 환하게 웃음지으며
봄이 주는 설레임으로
마음 한가득 행복에 겨워 기쁨이 넘친다

3부

제주 법환

그대가 사랑한다면

그대 내게 마음이 간다면
그냥 무심한듯 걷지 말아요

그러면 나는 아무것도 몰라요
내게 관심이 없는 거라는 생각이 들죠

그대 내손을 꼭 잡아줘요
그대의 따스한 온기를 느낄 수 있게요

나는 하늘을 나르고 싶을거예요
그대의 마음이 내게로 온걸 아니까요

그대의 향기로운 마음이 내안에서
그대의 향기가 피어오를 테니까요

기다려 보려해

너의 마음은
언제나 나에게 올까

가까이 가려하면
저만치 가버리고

가까와진듯 하면서도
멀어지는 너를

설레이는 마음으로
기다려 보려해

처음 보았던
그 순수한 모습을 떠올리며

언젠가
내 마음 알아주기를

그리움

그립다
말 못하고

속으로만
가슴 앓이를 하다가

이제는
찾아가 만나리

사랑하는
그사람
찾아가서 만나리

아~
그대를
사랑했다고

진정
그리웠노라고

그리운 얼굴

별빛 가득 머금은 고요한 밤하늘
은은한 달빛에
설레이는 마음 실으니
그녀도 내 마음 알아주기를

눈감으면 언제나 떠오르는
그리운 얼굴
차라리 보지 않았더라면
마음이 슬퍼지는 않았을 것을

어둔밤 인적은 끊어지고
적막이 감도는 쓸쓸한 시골길
칠흙같은 어둠이 내려앉은 길일지라도
그녀와 다정하게 두손 맞잡고 걸어간다면
어둠따위 두렵지 않으련만

그리한다면 그리움에
눈물 흘리지 않았을 것을

그리움이 밀려올때

새벽에 잠 깨어
아련히 떠오르는
그대의 얼굴

바람결에 스치듯이
그리운 그대
오늘 따라 유난히
보고픈 마음
물밀듯 밀려와
그마음 꾹꾹 눌러 본다

불현듯 보고픈 마음이
아픔으로 다가오니
가슴이 찡하다
자주 만날 수 있다면
그리움이 아닐진데

그립다 그대
언제나 볼 수 있으려나

니가 좋아

너를 향한 마음

참으려 해도

자꾸 눈길이 가는걸 어떡해

보고만 있어도 마냥 좋은걸

그냥 니가 좋아

너라서 좋은거야

만남

누구를 만나느냐
어떤 사람과 교제를 하느냐가
참으로 중요한 것 같다

우연히 만난 인연으로
마음속 깊숙이 넣어두었던
시를 향한 사랑이
시를 위한 감성이
폭발하듯 터져나오니

다시 이런날이 오리라 생각도 못했는데
오래도록 염원하고 바라던 것을 이루고자
계획하고 준비하는 이 소중한 시간들로 인해
매일이 행복하고 즐겁다

시를 쓴다는건 순수한 마음을 갖게 하나보다
우연히 만난 인연이
이렇게 소중하고 귀한 만남일 줄이야~

소중한 것

오랜세월 견디며 고목되어 피워낸
꽃송이 하나라도 자세히 보아라
무엇하나 예쁘지 않은게 없을거야

바쁘게 살다보면 우리곁에 있는
소중한 것들을 잊고 살다가
가슴시린 날들을 지내다보면
그늘진 곳에 웅크리고 앉은
들꽃조차 예쁘고 사랑스럽다

자연이 주는 소중한 것들을
마음껏 즐길 수 있는 삶이 행복이지 않을까

잠든 그모습

편안히 잠든 모습 너무 예뻐
눈길이 떨어지지 않아

한참을 물끄러미 바라보며
행복한 미소 지으며

무슨 생각에 잠기어
저리도 곤히 잠들었나

내꿈을 꾸고 있으려나
상상하니

자연스레 마음 이끌려
사랑스러운 너의 고운 빰에
손길이 머무르니

다정스레 두손 맞잡고
너와 잠들고 싶다

전화 한 통화

아름다운 멜로디가
고요한 적막을 깨운다

기다리던 그 사람인가 기대하며
얼른 수화기를 들어본다

듣고싶은 반가운 목소리
어느새 입가에 번지는 미소

한통의 전화가
이렇게 반갑고 기쁠 줄이야

우리의 삶

누구나 살아보려고
열심히 애를 쓰고
하루하루 연속되는
힘들고 지친 날들을
수없이 견디고 이겨내리라
굳은 결심 다짐해 보지만
현실에서 부딪치는
고통의 연속
수많은 세월이
말없이 지나가건만
고난의 끝이 오리라는
희망을 안고
새로운 날 기약하고
진실하게 살며
희망찬 그날을 그리며
용기를 내리라

4부

중국의 몽골히말라야의 전경

달의 사랑

달빛은 고요히 어둔밤길 비추니
괜시리 잠 못이루고
마을 어귀 정자나무 아래서
달빛에 취해
한 여인의 모습 떠 올려보니
항상 내 마음 깊숙히 자리한
사랑하는 당신이었더라

보고 있어도 보고싶고
늘 곁에서 정성다해 사랑하고픈
사랑하는 당신에게
달빛에 내마음 실어
사랑의 시 한편 보내오리다
사랑해요 당신

너와의 행복을 위해

그대를 알고보니 세상이
이렇게 달라지는걸

알면 알수록 사랑 넘치고 멋스러운
온 세상을 품어안고 다독이며
더넓은 아량으로 헤아려 주는 그대

허무하게 헛된 시간을 허공에 흩날리던 날들
잘 알지 못하던 날엔 한없이 기다려 주었고
가까이 하려니 어려움 많았어도 인내로 극복하니

그대 사랑으로 설레임 가득안고
미래의 희망 꿈꾸어 보며
황금빛 햇살 눈부시게 빛나는 먼 훗날
아름다운 날을 영원히 누리기를

너와의 행복을 위해

들어주는 너

내가 이런저런 이야기를 하면
너는 무심한듯 그냥 듣고만 있다

하도 말이 없으니
자꾸 아무 말이나 내 뱉는다

이제 나도 말을 하지말까
하는 생각이 들때면
그제서야 추임새를 넣는다

그래도
너와 이야기를 하는것이
소소한 일상처럼 편하다

내 얘기를 들어주는
니가 있어서

빈자리

네가 며칠 집을 비운 사이
나는 할 줄 아는게 없다
뭐든지 서툴다
함께 할때 느끼지 못했던
소중한 일상의 빈자리가 허허롭다
이럴줄 알았더라면
간단히 할 수 있는것
무엇이라도 알아둘걸
이제라도 너를 소중히 여기련다

기다려진다 너를

사랑

사랑은
기쁨 즐거움 환희
행복이 넘치고
시로를 이해하고
부드럽게 감싸안고 정성 다하는

사랑하는 사람과 조용한 까페에서
따스한 차 한잔 나누고 싶은 마음

아름다운 석양을 바라보며
진솔한 대화를 통해
마음에 숨은 사랑 고백하리라

마음 가득 그리움 담아
그대 향한 사랑
변함 없음을 확인하고
소중히 간직하고픈 마음

사랑한다면
그대를 보고 느끼고
그대의 향기로운 내음 맡으며
영원히 사랑하며 살고픈 마음이리라

사랑스런 아이들

천진난만하고 사랑스런 아이들이
백사장에 옹기종기 모여앉아
모래성을 쌓았다 부수고 또 쌓으며
부드러운 모래에 한썻 정신 빼잇거
시간가는 줄도 모르고
온몸이 모래투성이래도 마냥 흥겹다

여자 아이들은 해변으로 밀려온
조개껍질 줍고 소라고동 귀에 대고
파도 소리를 들으며
예쁘고 다양한 모양이 신기하여
입가에는 웃음이 떠나질 않는다

친구들과 자유롭게 물장구치며
바다로 뛰어들었다 온몸이 흠뻑 젖어도
재미있고 신이나서
엄마의 잔소리는 아랑곳하지 않는다

우리 어릴적 생각에 사랑스러운 아이들이
즐기움에 들떠 웃는 천진한 웃음소리
해안가득 울려퍼지니
바다가 주는 선물을 온몸으로 느끼며
이런게 진정 행복이 아닐까 싶다

사랑이란

사랑하는 사람이 있다는 것은
삶을 윤택하게 하고
생활에 활력소가 된다

사람은 누구나
사랑하거나 사랑했던
아름다운 시절이 있어 행복하다

사랑이란 말은 흔하디 흔하지만
고귀하고 순결한 사랑은
한평생 즐거움과 행복을 가져다준다

그래서 누구나 아름다운
사랑을 꿈꾼다

젊음의 한창때 불같은 사랑을 하고
환희에 넘치도록 희망에 부풀어
세상을 다 가진 듯 행복했던 시절

나이들어 가면서
그 시절 그 사랑의 그리움에
따뜻하고 황홀했던 사랑을 그리워한다

사랑하는 사람은
생각만해도 행복하고
보고만 있어도 행복하고
함께 한다면 그 사랑의 기쁨이 더욱 빛나리라

이즈음에
고귀하고 순결한 사랑 느끼며
하루하루 행복한 삶을 살아가고 싶다

사랑의 아픔

정든 님 보고플때
만나지 못하니
서로의 마음 애틋하여
한없는 그리움에
하루에도 수없이 보고파
가슴 태우는 마음

서로 사랑하고
다정스레 정을 나누며
즐거웠던 그 나날들 추억하며
다시 한번 그립던 얼굴
볼 날 기약하며
아픔을 뒤로한채
수줍은 미소 띄운다

사랑하는 그대에게

우리가 처음 만났을땐
서로가 어색하였지만
시간이 지날수록
새록새록 정이 들어
사랑으로 변해가니
그 사랑 오랫동안 간직하리

수많은 세월이 흘러가도
사랑하는 마음 변함없기를

사랑하는 그대에게
늘 곁에서 무한한 사랑 나누며
기쁨이 넘치는 즐거운 나날들을
누리게 해 주리다

행복 넘치는 웃음이
떠나지 않도록

생각하는 마음

너는 너대로
나는 나대로 걸어가지만
너를 바라보고
너를 사랑하고 있으니

살아가는 동안 힘들고
예기치않은 일들 많지만
지금 이순간에도 살아있고
살아 숨쉬고 있으매 감사할 일이다

너를 보고 하루를 시작하고
하루를 마칠 수 있어서
매 순간 즐겁고 행복하게
살아갈 수 있기를 염원한다

늘 아프지 않고 건강하게
살아가기를 바라는 나는
너를 아끼고
생각하는 마음 여전해

아침을 맞으며

아침에 눈을 뜨면 하루를 시작하는 힘이 생겨요
뭔가 해낼 수 있는 자신감과
희망이 나를 이끌어 가죠

어제의 무겁던 마음도 오늘 하루를
긍정적인 마음으로 시작해 보아요

생각을 바꾸면
우리가 바라보는 시각이 바뀔테니까요

그대와 만나서 대화를 나누고
경치 좋은 숲에서 자연을 만끽하며
힐링을 해봐요

누구나 마음에 꽉차있는 욕심을 내려놓으면
구름 위를 걷는 행복이 드리워질 거예요

언제나 인생은 오늘부터 시작이니까요
아침에 눈을 뜨고 일어날 수 있음을 감사해요

지금 이순간

해맑은 햇살과 부드러운 바람은
지금 이순간의 것이야
눈부시게 아름다운 것들은 언제나
지금 이순간 우리 곁에 있는 것들이니

흘러간 과거에 얽매여 있지말고
지금 이순간 충실하고 오늘의 행복과
미래의 더나은 삶을 위해
최선 다해 나아가야 하리라

길을 가면서 자꾸 뒤돌아보면
똑바로 걸을 수 없는 것처럼
예전에 누렸던 영화에 머물러 있지 말고
과거를 디딤돌 삼아

지금 이순간 앞에 놓인 시간을
즐거움과 환희에 넘치도록
행복하게 살아갈 수 있기를

나를 위한 시간보다
다른 사람의 어려움을 마음 아파하며
같이 눈물 흘리고
따뜻한 위로와 격려 베풀기를

그러면 지금 이순간에도
늘 기분좋은 행복한 날 될거야

행복하기를

추위에 아파하는
이웃을 돌아보고
따스한 손길을
내밀어 보자

미처 느끼지 못했던
따뜻함이 묻어 올거야
갈수록 삭막해지는 세상에
행복의 씨앗을 심어 보자
세상이 따뜻한 햇살을
불러 올거야

아픔으로 얼룩진
그늘일지라도
따뜻하게 웃음짓는 햇살은
그늘진 아픔까지도
보듬어 안을테니까

5부

추색

봄비 내리는 날

긴 가뭄을 해결하듯
하늘이 깊은 슬픔을 쏟아내듯
쉼없이 굵은 빗방울이 마구 흘러내린다

참다 참다 슬픔에 못이겨
흐르는 눈물 감출 수 없어
목놓아 울어대는 듯
큰 소리 지르며 하염없이 쏟아낸다

하늘이 쏟아내는 슬픈 눈물로
메마른 대지는 흡족해하며
무수히 많은 생명을 잉태하겠지

가을 들녘

하루하루 변해가는 누른 들판이
가을이 무르익었음을 알리네

야트막한 산기슭에는
억새풀이 바람따라 이리저리 춤추고
나날이 익어가는 나락들도
황금빛 곱게 수놓는다

농부들의 수고가 풍요롭게 결실을 맺으니
한여름 뙤약볕에서 구슬땀 흘리며
정성껏 보살피던 힘들었던 노고가
한순간에 사라지네

차창밖으로 펼쳐지는 드넓은 들판에
누렇게 익어가는 벼이삭들이
내 마음가득 노랗게 물들이네

윙~윙 ~
소란스레 돌아가는 탈곡기 소리가
수확의 기쁨을 안겨주니
농부의 마음도 덩달아 흥겹다

학사평의 가을

가을이 지나갈때

단풍잎이 낙엽되어 우수수
길바닥에 나뒹굴고
가로수를 노랗게 물들이던 은행잎은
힘없이 보도위에 내려 앉는다

노오란 은행잎이
융단처럼 내려앉은 그길을
바스락 바스락
정겨운 발자욱 소리
가을은 떠난다

가을바람 살랑살랑 불어올때면
가을의 정취에 한껏 젖어들고
풍성한 과실들이 풍요롭다

스쳐가는 아름다운 단풍
황금들판
빨갛게 익어가는 능금향 가득
가을바람에 실어
세월을 재촉한다

겨울을 재촉하는
차가운 빗방울이 대지를 적시고
찬 바람도 뒤질세라
싸늘하게 불어오니
어느새 가을은
기운이 쇠잔해 진다

달콤한 딸기

딸기 하우스에 딸기 모종이
줄지어 늘어선 모습이 끝없이 펼쳐진다
하얀 꽃이 소박하게 피어나고
꿀벌들은 윙윙 거리며 부지런히 날아오르고

딸기가 조그맣게 맺히면
빠알갛게 익어가기를 기다리는
여주인의 마음이 함께 익어가리라
꽃이 피고 열매 맺는 과정을 수없이 반복하며
11월부터 4월까지 수확을 한다

하우스 안의 열기를 견디며
달콤한 딸기를 사랑 넘치는 애정으로
아낌없이 돌보아온 노력에
진주 수곡 딸기는 양액 재배로 당도가 높고
인기가 좋아 외국으로도 나간다

먹음직스러운 딸기가
너무나 부드럽고 탐스러워
잘익은 딸기를 직접 따서 먹어보니
입안에서 사르르 녹는 맛이

달콤한 딸기 향과 더불어
행복한 웃음꽃이 피어오른다

꿀벌들이 없었다면
이토록 맛있는 딸기를 맛볼 수 있을까
따뜻한 햇볕도
깨끗한 물도

고운 빛깔의 딸기를
내눈에 고이 담아 두련다

산속에서 누리는 기쁨

골짜기마다 냇물이 산 사이로 흘러내리니
모든 들짐승이 마시며
뜨거운 햇살로 인한 갈증을 풀고
하늘의 새들이 물가에 깃들여 목을 축이고
우거진 나뭇잎 사이에서 지절대며
새들이 그곳에 보금자리를 만든다

오솔길따라 야생화 흐드러지게 필때면
들꽃 향기따라 발걸음 가볍다
느리게 여유롭게 한가로이 거닐며
엄마 품에 안긴듯 포근히 감싸안는
숲속의 아늑한 분위기를 만끽하며
자연의 조화로운 리듬에 동화되고 싶다

생명이 살아숨쉬고 있음을
우리 함께 누리고 즐기는거야
자연은 참 편하다
있는 그대로의 나를 품어주니까

불영계곡

숲

아름다운 꽃들이 만발하고
저마다 향기를 뿜으며

생기 넘치는 산새들의
행복한 노래 소리 가득한 정겨운 숲

아름드리 나무들하며
맑고 깨끗한 작은 시냇물들이
하염없이 숲을 돌아흐르니

온갖 동물들이 평온한 모습으로
여유를 부리며 자유를 누리는

황금빛 고운 빛으로 울창한 숲을
환하게 감싸 안으니

환희에 넘치는 아름다운 숲속에서
평온한 쉼을 얻으리라

자작나무숲의 바람

순천만 갈대숲

드넓게 펼쳐진 갈대들이
물렁한 갯벌에 터를 잡아
서로를 의지하여 얼기설기 뿌리를 뻗으니
아름다운 갈대숲이 끝없이 펼쳐진다

바람에 이리저리 은빛 물결 휘날리는
갈대들의 울음이
서늘한 가을 바람따라 옷깃을 여민다
칠게와 망둥어도 여름내내
부지런히 나들이 하더니
이제는 조용히 느린 걸음을 재촉하니
갈대숲에는 가을이 익어간다

아침 햇살이 여명을 밝히니
눈부시게 아름다운 갈대숲이
은빛으로 우리를 부른다
가을의 정취에 한껏 들뜬 마음으로
다정한 연인들의 속삭임도 무르익어갈즈음
한폭의 그림으로 간직하고파
테크로드 길따라 사뿐사뿐 걸음을 옮긴다

깔끔하게 펼쳐진 갯벌 사이로
뱃길이 아름다운 곡선을 그리고
작은 쪽배 여유로운 몸짓으로
뱃사공의 유연한 몸짓으로 유유히 흘러간다

저 멀리 작은 섬들이 손짓하는 저녁
어느새 아름다운 노을빛이 하늘을 적시니
바다도 덩달아 노을빛을 품을때
갈대숲은 은근슬쩍 석양에 몸을 내어준다
갈대숲이 있어 가을이 아름다운가 보다

호수

아침 햇살따라
곱게 물든 단풍잎에
가을바람이 고요히 내려앉는다

오리 가족들의 한가로운 나들이가
고요한 호수위에 생명을 넣으니
바람따라 일렁이는 물결이 영롱하게 빛난다

아름다운 단풍나무
멋들어진 가지를 호수위에 드리우고
빨갛게 물들인 단풍잎은
수면위로 살며시 내려앉는다

깊어가는 가을이 아쉬운듯
호수에 비친 햇살이
눈부시게 찬란한 빛으로 피어오른다

따뜻한 여름

향긋한 꽃내음 가득한
봄날이 꿈결처럼 지나고
따뜻한 여름이 햇살 가득안고 찾아오니
커다란 꽃망울 터뜨리며
붉은 빛깔로 수국들이 우리 마음 사로잡고

시원한 바람은 산골짝에 들리고
풍요로운 벌판에 안부 묻고
바다 향해 쏜살같이 내달리니
사람들이 저마다 시원한 바람결에 몸을 누이며
삶에 지친 심신 달래본다

길게 뻗은 모래 해변으로 옥빛 머금은
맑고 깨끗한 바닷물이 해안을 적시며
밀려왔다 밀려가고
수평선 저멀리 뭉게구름 사이로
살며시 숨어드는 햇살은
어느새 타는듯 붉은 노을빛이 되었다

흙

그대와 다정하게
이슬 내린 들길을 따라
한가로이 거닐고 싶다

오랜 기다림 끝에 단비가 내려
흙을 통해 새싹들이 여행을 떠나니
아름다운 꽃과 나무들은
대지를 수놓는다

오염된 땅을 살리고
흙을 비옥하게 만드는 지렁이
미생물들이 땅을 기름지게 하니
부지런한 농부의 손길 덩달아 바쁘다

자연이 내어주는 안전한 먹거리를
소중히 여기며
이웃들과 울타리 너머로
정을 나누며 흙에 기대어
살아가는 것이 행복이 아닐까

6부

외갓집 가는 길

달리는 고속버스

서울 강남 고속터미널
마산가는 고속버스에
아픈 몸 이끌고 간신히 앉았네

옆자리 앉은 분 다리 편하게 올리라고
친절하게 도와주고
무거운 가방 받아서 창가에 걸어주네

고속버스는 초가을 들판을 가로질러
쏜살같이 내달리고
창밖의 풍경은 정겹기 한이없네
아픔에 지친 육신 거동도 힘들거늘

선산휴게소 커피한잔으로
나눈 대화가 공감이 가고
긴 병원 생활 답답하던 마음이
조금은 사그라드네

짧은 만남이지만 훈훈한 마음안고
이름모를 친절한 분 뒤로한채
아쉬운 발길을 돌린다

내 고향 동삼

시냇물 굽이굽이 양 골짜기서
흘러가는 깨끗하고 맑은 물은
동삼천에 어우러져 만나는 곳

마을앞 어귀에는 커다란 정자나무 세그루가
호의무사처럼 마을을 지키고
여름이면 남쪽에서 시원한 바람 솔솔 불어오는
양지바른 터에 자리한 동삼부락

개울가에 옹기종기 모여앉아
이야기 꽃 피우며 빨래하는 아낙네들
왁자지껄 사랑방이 열렸네

어머니 치맛자락 부여잡고
빨래터 오가던 오솔길
정겹던 그시절 옛 모습이
지금도 눈앞에 선하게 아른거리네

사랑스러운 어릴적 추억이
고스란히 묻어있는 정겨운 곳
어머니 사랑 듬뿍 받으며
마음껏 기상을 펼쳤던 소중한 내고향 동삼

개울가에 빨개벗고 친구들과 어울려
물장구 치고 가재잡고
다슬기 잡으려다 미끄러져
한바탕 소동이나 아찔했던 순간들

순수하고 철없던 그시절
꿈 많은 우리들의 놀이터
동삼천은 지금도 변함없이
흘러흘러 진동만 괭이바다로
정처없는 여행을 떠난다

강구 대게맛

아침 일찍 관광버스에 몸을 실으니
가족같은 회원들이 서로를 반기네
오랜만에 떠나는 여행으로 한껏 신이난 이들

동해의 맑고 깨끗한 바다를 눈에 담으며
늦가을비 추적추적 창문을 두드려도
아이들마냥 기분좋은 흥이 오를즈음
어느새 강구항 유명한 대게집에 몸을 내렸다

제철맞은 대게가 수족관에 가득하고
수대로 건져올려 찜기에 푹 찌니
하얀 김이 모락모락 달큰한 내음으로
군침돌게 한다

빠알갛게 익은 대게를 빠른 손놀림으로
속살 발라내어 먹기좋게 손질하여
먹음직스러운 한상차림 나온다

딱딱한 껍질속에서 부드러운 속살이
수줍은 새악시처럼 발그레 물들이고
먹을수록 부드럽고 감미로운
속살의 깊은 맛이 행복감에 젖어든다

바로 이맛이야
함께 자리한 회원들 모두
대게의 깊은 맛을 잊을수 없어
뒤돌아서 오는길에 왠지 허전한 이맘
또 먹고 싶다

금강휴게소

새벽 찬공기 가르며
서울행 고속버스에 몸을 실어
편안한 의자에 기대어
이 한몸 의지해 본다
따스한 가을 햇살이 부드럽게 새벽을 녹인다

일찍부터 첫차에 몸을 실은 수많은 사람들
나름대로 다양한 사연으로 나들이 하겠지

나는 오늘따라 잠이 오질않아
그냥 시 한편 써볼까
상념에 잠겨 시상을 떠올려 본다

어느새 절반은 왔나보다
여행자들의 휴식을 제공하는
금강 휴게소에 잠시 몸을 내렸다

휴게소 뒷편 금강은
가벼이 부는 바람에 잔물결 일렁이고
부드러운 햇살따라 눈부시게 반짝이는
물결은 유유히 흘러내리고

산그림자 고즈넉히 물아래 아롱대고
뽀얀 물안개 수면위로 수놓아
새벽 안개 산허리 감아흘러
아름다운 수채화로 반기네

수십년을 한결같이 오가는 사람들에게
잠시나마 쉬어가라고 말없이 곁을 내어주는
편안한 쉼터 금강휴게소
내려올때 또 만나기를 말없이 기약하며
짧은 만남이지만 이별을 대신한다

농어촌 근대화

지난세월
농어촌 근대화를 위해
한결같이 지게지고
지게 작대기 두드리면서
낮에는 농사짓고 밤엔 글 읽어가며
살기좋은 마을 만들기 위해
몸 바쳐온 산업의 역꾼들

역사의 뒤안길에서
눈부시게 발전한 농어촌을 바라보며
젊음의 한창때 열심히 살아온 길을
회상하니 흐뭇한 미소가 번진다

살아온 길 험하고 힘들어도
비바람이 모질게 몰아쳐 와도
사나이 굳은 신념 농어촌을 위해
역사의 용광로에 불이 꺼지지 않도록
온 힘 다해 최선다한 결과
이렇게 잘사는 나라가 되었나보다

농촌의 4-H

삼진 앞바다의 푸른 물결
진동만 괭이바다로 흘러가는 동트는 아침에
가난했던 살림살이 벗어나기 위해
소몰고 논밭가는 농부의 피 땀 흘리는 수고로움

새마을운동으로 골목길 확장하고
초가집 개량하고 농지 정리하여
농촌 근대화를 이루는 일에 앞장선 이들

우리 부모님들의
가난을 벗어나기 위해 몸부림쳐온 고달픔이
후새들을 위해 희생하신 수고로 이루어낸
넉넉함으로 살기좋은 세상이 되었다

밝아오는 아침 햇살이 들녁을 비추니
청년 농업인들이 농촌에서 땅을 되살리며
농업이 미래라는 희망을 안고
성장하는 원동력이 되도록 혼신의 힘을 기울이며
흙을 소중히 여기는 그들을
진정 사랑하여야 하리라

마창대교

마산 앞 바다 가로질러 거대한 다리가 놓이니
마산 시내가 한눈에 들어오고
바다위로 점점이 흩어지듯 섬들이 자리를 메우고
갈매기떼 날으는 바다위를
고기잡이배들은 유유히 미끄러지듯
물살을 가르며 나아간다

복잡한 도심을 벗어나 확트인 바다를
가로질러 달리는 이 기분 정말 좋다

귀산 해안 굽이굽이 휘돌아
멋스럽게 꾸며놓은 까페들 즐비하게 늘어선
아름다운 해안 귀산 까페에서 바라보는
마창대교의 휘황찬란한 야경은
보는이로 하여금 환호성을 자아내게 한다

휘영청 밝은 달빛아래 마창대교의 야경은
바다아래 또다른 마창대교가
대칭을 이루며 빛을 발하고 있다

눈부시도록 아름다운 야경을 바라보며
낭만에 젖어들고 따뜻하고 향긋한 커피 한잔으로
따스한 온기를 온 몸으로 마시며
기분좋은 하루를 마무리 하련다

섬진강

바라보는 하동 포구
유유히 흐르는 섬진강

오래묵은 아름다운 소나무 숲
드넓은 강변 모래사장을 따라

하동 들판을 휘감아
흘러가는 섬진강은 언제나 살아있다

아련한 고향의 맛을 풍기는
재첩국 한 그릇

그 맛이 일품이라
섬진강 나루터 식당

소죽도

진해 앞바다를 묵묵히 지키고 있는 소죽도
병풍같은 산들을 배경으로
호수처럼 펼쳐진 바다위에
외로이 떠있는 대죽도

이글거리는 태양이
찬란하게 수면위로 춤추고
요트는 미끄러지듯 여유로운 몸짓으로
갈매기떼 날으는 바다를 향한다

바다도 덩달아
넘실대는 파도따라 물길을 내어준다
따뜻하고 조용한 휴양지
진해의 자랑거리 많아 소죽도 팔각정 위에서
한폭의 그림으로 날려보내고 싶어라

자그마한 소죽도가 육지가 되어버린 지금
그래도 유용한 시민들의 휴식처가 되어
우리들을 포근히 품어 안는다

청령포

청령포를 휘감아 흘러가는 강물위로
나룻배가 느릿느릿 여행객들을 태우고
수시로 짧은 운항을 한다

단종 유배지를 향해 걸음을 옮기니
눈앞에 펼쳐지는 아름드리 거송들
다양한 모양이 한데 어우러진 송림은
아름답기 그지없다

그중에 으뜸은
송림 가장자리에 자리한 관음송
어린 단종이 갈라진 가지 사이에
앉아 쉬었다는 사실을 안 순간
애닯픔이 밀려온다

바닥에 주저앉은 솔잎들은
빛바랜 갈색으로 온기를 더해주고
흩어지듯 내려앉은 솔방울들은
애처로운 눈물이어라

환경생태공원

이른 아침이면 어김없이 일어나
상쾌한 새벽 공기 마시며
가벼운 발걸음으로 산책길에 나선다

아름다운 정원이 호수 주위를 둘러 감싸고
물속에 깊은 뿌리 내리고
수백년을 지켜온 나무들의 늠름한 자태는
산책하는 이들의 찬사를 이끌어 내고
나무 그늘아래 놓인 벤치는 멋스러움을 더한다

단풍나무 멋들어지게 호수위로 뻗은
가지들의 우아한 자태는 절로 감탄이 터져나오니
산책나온 이들의 발걸음이 한결 가볍다

자연을 훼손하지 않고
자연 그대로의 모습 유지하며 가꾼
생태공원은 사랑받는 휴식처로
계절마다 아름다운 자연을 갈아 입는다

아침 일찍 산책 나온 분들과 눈인사 나누고
서로의 안부를 묻는 행복해하는 모습들이
어느새 내안에 잠자고 있는 기쁨을
일깨워주니 덩달아 행복에 겨워 즐거움 넘친다

월전 바닷가

휴일이면
나들이 나온 사람들이
꾸역꾸역 모여들어
주차장이 만원이라
가족들 오손도손 둘러앉아
숯불에 구워 먹는 장어구이
구수한 그 내음
바닷가를 수놓으니
지나가는 나그네 발길조차
월전 장어구이로 향하게 하네

축시

영일만의 추억

| 추천의 말 |

행복을 위해 자연을 노래하는 추만수 시인

박희자 | 시인

문학과 현실의 관계를 중요시하는 사람들은 문학을 통해서 목적을 달성한다. 시인은 시를 통해서 구체적 형상과 이미지로 접근하여 독자들에게 감정을 호소하며 그 방식으로 인식 수준을 끌어올리기도 한다. 추만수 시인의 시를 읽으면 열정과 진실을 고스란히 만날 수 있어 놀란다.

첫 시집 "너와의 행복을 위해"라는 자연을 노래하고 자연 속에서 삶의 이미지를 찾는다.

현대를 살아가는 우리들에게 필요한 아름다움과 아름다운 사상을 말하며 詩 세계도 그렇게 쓰려고 노력했음을 엿볼 수 있다. 그의 詩 속에는 자연과 함께 풍경화를 그리면서 여백의 의미를 보여준다. 시인마다 시작詩作 동기가 다를 수 있다. 그의 창작 동기를 유추해 보면 시인의 타고난 정신적 서정성에 속한다고 할 수 있다.

창작 동기를 일정한 기준에 의해 분류했을 때 크게 보아 현실적 동기와 관념적 동기로 나눌 수 있다. 그리고 관념적 동기를 다시 사물과 세계를 시인 나름대로 해석하고 의미를 붙였다. 인간의 길과 시인의 길은 둘이 아니다. 쉽게 남의 말에 귀 기울이지 않고 제 갈 길만 가는 고집이 보인다.

모든 시인이 지식인이거나 지성인은 아니다.

시는 약간의 감성과 상상과 기억과 글쓰기 기본을 익히면 아무나 쓸 수 있는 것이다. 모든 시인이 중요하며 동시에 중요하지 않은 시는 없다. 詩도 시대의 흐름에는 어쩔 수 없다.

현대시는 관념을 넘어 구체성을 가지고 있다. 심한 낯설기와 애매성으로 독자를 따돌리는 시어들은 독자들로부터 멀어지게 할 뿐이다. 말놀이만 무성한 시는 감동을 유발하지 못한다.

공자는 "아는 자는 좋아하는 자만 못하고(知之者 不如好之者) 좋아하는 자는 즐기는 자만 못하다(好之者 不如藥之者)"고 했다.

시인은 작품 속에 자신을 담는다. 시인은 자신의 생각을 세상을 향해 던지고 싶어 한다. 시를 통해 표현하고 시를 통해 무언을 말하고자 하는 속성을 가지고 있다. 그의 자존심을 최대한 지키고자 노력했고 이 세상과 쉽게 타협하지 않는 오기를 글로 보여주고 있다.

물리적인 시간 아랑곳없이 자기 자신의 세계를 색깔로 드러낸다는 것은 쉬운 일은 아니다. 그의 삶의 경륜과 성정과 부지런함을 글 속에 담아 현실적 동기를 부여하여 완성해가는 작품에서 독자들에게 의미와 감동을 건네주리라 믿으며 기쁜 마음으로 추천한다.

너를 사랑해

조 미 성

하얀 눈이 흩날리던 날
선물처럼 나에게 안기었던
소중하고 사랑스런 너를
너무 사랑해서 내 안에 늘 품어안고
설레이는 마음으로 행복을 누렸어

언제나 보고 싶을때
마음껏 볼수 있을거라 했었는데
이제는 나의 품에서 날아가
자유로이 꿈을 펼쳐봐

너의 텅 빈 자리 허허롭지만
떠나보낼때가 되었나보다
그립고 사랑하는 마음 변함없으나
늘 함께 하지는 않을거란
아쉬움이 고개를 든다

잘 견뎌보려 애써 다짐하건만
이슬이 앞서는 걸 어쩌나
늘 그리움에 목말라 할걸 알지만
가끔씩 보는 얼굴로 그리움을 달래보련다

사랑한다 너를
사랑해 아들!

민들레 꽃

박 영 숙 (시인)

노오랗다 못해 슬픔이 배인
가냘픈 너의 모습이
그리움 호흡하는 향기를 뱉는다

붉은 태양 아래
꽃내음 가시는 계절
수줍은 아낙처럼
말 없이 앉아있는 너의 자태

슬픈 학처럼 긴 목을 빼고
나직한 미소를 머금은 얼굴
아련한 그리움이 눈 망울진
고독한 너의 이름은
민들레 꽃

갈등과 체념의 길목에서
외로움과 그리움 다소곳이 모아
홀씨로 날려 버린 너의 모습이
애잔한 여운을 남긴다

꽃으로 피어난 시간

이 재 호 (시인)

내 너를 사랑하고
너 나를 사랑하거든
지나간 시간도 사랑하자
그 시간이
너와 내가 만든
꽃으로 피어
난 시간이었으니
나 그날을
고운 화병에 간직하리라

시월

이 재 호 (시인)

한해가 스러져간다
길바닥에 누런 낙엽들이 힘없이 뒹굴다
조각조각 바스라져 사라져간다

달력의 날자들이 찬바람에 지워지고
가벼워진 달력의 무게만큼이나
이유없는 쓸쓸함이 커져만 간다

찬바람 부는 시월의 끝자락 이맘때면
어느 시인의 노래를 흥얼거리고
잊혀진 계절을 찾아헤맨다

때론
바람에 날리듯 잊어야할 것도 있지만
따스한 커피한잔 손에 쥐고
아련한 추억을 더듬으며 눈감고
싶은 계절이다

시월 끝자락에서는..

달님

청암 소 병 기 (시인)

내 모습 감추며
아린 가슴 달래며

오늘 밤
마음 가득
그대의 모습 담고 싶어

밝은 달 따러
여행을 가오

바다의 마음

청암 소 병 기 (시인)

나가면 밀려오고
밀려오면 나가고

성난 소리 메아리 되어
은빛 비단 옷자락 펴면

밀리고 밀림에 작은 모래알 어루고
출렁이는 고함소리 노함인가 그리움인가

마음의 거울이어라
수평선 저 너머가

수련睡蓮

이 종 민

혼탁한 세상
크고 작은 근심을
인내하는 동안
용서하고 사랑했으리라

탁한 수면 위로
시간을 도닥이며
생명줄 세우는
오! 그대는
잠잠히 마음을 여는
청순하고 너그러운 꽃이여라

* 수련(睡蓮) : 쌍떡잎 식물. 수련목, 수련과 수련 속 식물의 총칭.

대지

고 박재구 (전 국회의원)

우리의 삶은
고뇌와 통한의
눈물
자국으로
얼룩진 실패의
연속일지도
모른다
우리가
실패를 두려워
하지말라고
말하는 것은
실패에
따른 고통과
번민없이
성숙한
인간이
되기는 어렵기
때문이다
진실로
바람직한 것은
실패의
쓰라린 경험을
맛보지 않고

성공에 이르는
것이리라
위대한 삶이란
실패의
경험없이
성공한 인생이다

그러나
더욱 위대한
삶이란
온갖 악조건과
실패의 고통을
딛고
성공한 인생이다
나는 실패라는
단어를
쓸일이 없기를
바라는
마음에서
많은 동지들에게
이글을 바친다

불꽃

한미재단 장기생 27기 이창호

올라라
올라라 올라라
팔천 마음 모두를 싣고
훨훨 피어 올라라
우렁찬 함성이 메아리치는 곳
태고의 빛과 마음을 쫓아
물맑고 바람 솔솔 부는 곳으로
석바위 넓은 광장에 섰습니다
야성과 진취적인
젊음이 자라는 자연공간에서
사랑과 봉사의 싹이 잉태를 합니다
빨갛게 고동치는 작은 맥박속에서
숭고한 충성이 자랍니다
감사하는 마음 모두를 합장하여
심오한 독백을 불러봅니다
생활의 시작
생동하는 자연의 표상
우리의 등불
우리의 희망
우리의 꽃
곡선의 미를 창조하여

날카롭게 타오르는 불꽃
오래고 지루한 연륜의 모두입니다
이제 모두를 아끼고 사랑하는 광장에서
태동이 절규하는
애모의 불꽃 노래를 불러 봅니다

* 안성군 4H 연합회 제18회 야외 캠프(7.29)
1977.7.27.~7.30.

4-H의 추억

김 보 연

1969년 긴 세월이 흘렀습니다.
53년전 8월 15일
한미재단 4-H 교육 입소식을 하고
오직 우리들이 아니면
우리나라 농촌이 잘 살 수 있는 나라를
만들 수 없을 것만 같고
정말 사명감으로 무장을 하고
보람있게 동지들과 열심히 공부하고
부천군 소사읍 뒷산에서 산지 개간법과
등고선 설치, 엔시레이지 담기
(사료용 옥수수 담근먹이)
참으로 지금까지 짧은 세월에 많은 변화와
발전을 위해 목청을 높여
농촌 계몽 운동과 지역사회 일꾼으로
성실하게 활동을 하면서
농촌의 현대화 발전을 이끌어 왔던
시대에 역군들이었다고 우리들은 자부합니다.
오늘도 그런 정신으로 살고 있기에
우리 농촌이 발전했다고 생각하며 살아갑니다.
우리는 종합 예술가라고 생각합니다.
언제 어디서나 열심히 일을 하고 공부를 하며

남의 슬픔 앞에서 눈물을 흘리고
정성으로 나라에서 부름이 있을때는 언제라도
피와 땀과 눈물을 함께 흘릴 줄 아는 나 자신과
모든분들과 특히 젊은이들에게 감사를 드리며
동기생 추만수 선생님의 첫 시집 발간을
진심으로 축하드립니다.

경기도 고양시 산림조합장(현)